183.

DÉFENSE
DES DROITS SACRÉS DU TRÔNE,
OU
LOUIS XVIII,
ROI DE FRANCE,
AVANT D'AVOIR ADOPTÉ LES BASES

DE LA CONSTITUTION DE 1814;

EN RÉPONSE A M. LE SÉNATEUR GRÉGOIRE,
ET AUTRES PUBLICISTES.

PAR M. PAUL DE BEAUPRE.

PARIS,

1814.

DÉFENSE
DES DROITS SACRÉS DU TRÔNE,

OU

LOUIS XVIII,
ROI DE FRANCE,

AVANT D'AVOIR ADOPTÉ LES BASES

DE LA CONSTITUTION DE 1814;

EN RÉPONSE A M. LE SÉNATEUR GRÉGOIRE,

ET AUTRES PUBLICISTES.

A peine la France, délivrée du joug tyrannique de Buonaparte, vit-elle la fin de ses malheurs, que le cri mille fois répété de VIVE LE ROI, VIVENT LES BOURBONS, se fit entendre sur tous les points de son territoire. C'étoit le vœu de la nation, rappelant avec amour Louis XVIII au trône de ses ancêtres; c'étoit un hommage expiatoire de la France, déposé avec empressement aux pieds de l'infortuné Louis XVI.

Pendant que les Français manifestoient ainsi, par des cris d'allégresse, le sentiment naturel et filial qui lie les sujets aux souverains légitimes, un publiciste moderne, formé à l'école de la révolution de 1793, méditoit dans le silence du cabinet un projet de constitution, énonçoit le vœu patriotique de ne proclamer roi de France, un membre de l'ancienne dynastie, qu'après que la constitution auroit été proposée au peuple, munie de son suffrage, et enfin signée par le prince élu, avec serment de l'observer. Alors seulement il eût permis aux Français de faire entendre le cri national de Vive le Roi. Toute acclamation antérieure à ces importantes négociations, étoit à ses yeux un coup mortel porté à l'intérêt public, un ébranlement dangereux des véritables principes.

Le vœu de ce *républicain d'esprit et de cœur*, patriote jusqu'au fond le plus intime de l'âme, m'a fait naître l'idée de l'écrit que je présente au public. Je me suis demandé à moi-même, pourquoi exigeroit-on de Louis XVIII la signature d'une nouvelle constitution : est-ce qu'il auroit perdu ses droits à la couronne de France? Cette question m'a conduit à examiner sérieusement dans Puffendorf et plusieurs autres écrivains célèbres, les principes et les droits inviolables de la souveraineté; et le résultat de cet examen a été pour moi une conviction profonde que Louis XVIII n'avoit point été dépouillé de ses droits à la couronne. J'ai cru devoir faire part à mes concitoyens de mes réflexions sur ce sujet important. Je les leur présente avec la confiance qu'elles leur seront de quelque utilité. Ce qui contribue à rendre l'autorité légitime respectable, et à consolider le trône d'un roi aimé et adoré de ses sujets, pour les biens qu'il lui prépare, ne sauroit être indifférent au bonheur de la nation.

Avant d'en venir à cette discussion intéressante pour tous les Français, qu'il me soit permis de relever une exclamation ridicule de M. Grégoire, à la seconde page de sa brochure, intitulée : *de la Constitution Française de l'an 1814*, et de réfuter son principe dangereux de la souveraineté du peuple.

Des fonctionnaires publics, dit ce grave sénateur, *anticipant sur le vœu national, avoient déjà proclamé le retour d'un maître légitime ; d'un maître ! propos d'esclave*, s'écrie-t-il avec indignation, *ou d'hommes qui méritent de l'être ; maître légitime ! comme si en fait de gouvernement, quelque chose pouvoit être légitime, s'il n'est émané de la volonté nationale ; comme si les peuples étoient des troupeaux créés pour le bon plaisir de leur chef, et par là même, exposés à devenir la curée du despotisme.* Etrange et ridicule langage, évidemment emprunté des scènes révolutionnaires de 1793 ! Eh quoi ! selon M. Grégoire, on ne peut reconnoitre un maître légitime sans mériter le titre et les chaînes d'un esclave ! Il veut donc, cet habile publiciste, que tous les hommes libres et indépendans, comme les animaux farouches dans les bois et les montagnes désertes, vivent au gré de leurs passions, sans gouvernement et sans lois! En effet, s'il y a des lois il faut les respecter; s'il y a un gouvernement il faut lui obéir, et s'il est un gouvernement auquel ce soit un devoir d'obéir, imposé à tous les citoyens, il est donc de toute nécessité de reconnoître un maître légitime, auquel il faille se soumettre, sous peine d'être exclu de la société, comme un homme dangereux, sans principes et sans conscience. Car, je le demande à M. Grégoire, qu'est-ce qu'un maître légitime, sinon celui qui a le droit de commander, et auquel c'est un devoir d'obéir? Qu'est-ce qu'un gouvernement républicain, sinon une multitude d'hommes, parmi lesquels se trouve réparti le droit de commander à toute la nation, et par conséquent une foule de maîtres légitimes, au lieu d'un seul, auxquels c'est une nécessité d'obéir. M. Grégoire, en repoussant avec indignation l'idée d'un maître légitime, réduit donc tous les peuples du monde à la dure nécessité de choisir entre les chaînes de l'esclavage et une liberté sans frein, comme sans règle, qui ne reconnoîtroit ni lois ni gouvernement; il veut donc que tous les Français soient malheureux comme des nègres, abrutis par la dureté impitoyable de leurs maîtres, ou des hommes vicieux, cruels, barbares, ignorans, livrés à tous les crimes, à toutes les superstitions, à toutes les erreurs, puisque tel seroit le sort des hommes qui vivroient sans reconnoître aucun maître légitime sur la terre. Abîme d'extravagance dans lequel notre publiciste se précipite avec ignominie, pour tenir opiniâtrément aux idées républicaines du dix-huitième siècle, où l'on proclamoit la liberté et l'égalité, en dressant des échaufauds, et en remplissant les cachots d'illustres et innocentes victimes; où l'on crioit avec fureur qu'on abattoit le despotisme, quand on répandoit le sang du plus vertueux et du meilleur des rois.

Mais j'entends une accusation de calomnie et d'ignorance; M. Grégoire reconnoît un maître, un souverain, qui est le peuple. C'est en lui que réside essentiellement et irrévocablement la souveraineté. Cette *souveraineté est pour la nation une propriété essentielle, inaliénable, et qui ne peut jamais devenir celle d'un individu ni d'une famille.* Quelle foible réponse! Le maître et le souverain sera le peuple. Mais dans tous les systèmes, et sous toutes les formes possibles de gouvernement, le peuple doit presque toujours obéir. Un peuple qui n'obéit que rarement est un peuple qui se révolte sans cesse; qui se déchire, qui se rend malheureux, qui penche évidemment vers une ruine prochaine. Revient-il a des pensées d'ordre et à des sentimens de modération, il se soumet, reconnoît sa dépendance et obéit. Alors seulement, il lui est donné de goûter les douceurs de la paix et le bonheur attaché à la prospérité de l'état. C'est donc quand le peuple obéit au gouvernement établi, qu'il commence à être heureux sous la dépendance d'un maître, parce qu'alors seulement, il cesse d'être l'esclave de ses passions aveugles et la victime de ses horribles fureurs. Attribuez donc, pour un moment, si vous le voulez, la souveraineté au peuple, vous serez toujours forcé de convenir que le peuple souverain doit presque toujours obéir, et dans le gouvernement même républicain, une fois établi, reconnoître un maître légitime.

Cette idée d'un maître légitime n'est donc pas aussi effrayante que voudroit nous le persuader M. Grégoire; et l'on peut proclamer Louis XVIII, roi de France et maître légitime, sans être contraint de dire, dans son style noble et énergique, que reconnoître un maître, et un maître légitime, c'est prendre les peuples pour des troupeaux, créés pour le bon plaisir de leur chef, et par là même, exposés à devenir la curée du despotisme. Ah! disons-le avec vérité, à ce langage forcené on reconnoît le fanatique révolutionnaire qui, dans un ouvrage intitulé *Essai historique et patriotique sur les arbres de la liberté*, écrivoit sans doute, au milieu d'un accès de fureur, les paroles suivantes : *La destruction d'une bête féroce, la cessation d'une peste, la mort d'un roi, sont pour l'humanité des motifs d'allégresse. Tandis que par des chansons triomphales nous célébrons la fête où le tyran monta sur l'échafaud ; l'Anglois avili porte le deuil anniversaire de Charles I.er ; l'Anglais s'incline devant Tibère et Séjan.* Il ajoute ensuite plus bas : *Ah! qu'ils ne se découragent point* (les philosophes amis de la vertu et des droits du peuple), *qu'ils aient une marche intrépide et concertée ; la massue de la vérité est entre leurs mains : avec elle ils terrasseront les brigands de la cour de Saint-James, et planteront sur les cadavres sanglans de la tyrannie, l'arbre de la liberté, qui ne peut prospérer s'il n'est arrosé du sang des rois.* Puis encore, dans les notes ajoutées à la fin du volume, sans doute pour enrichir le texte : *Aristogiton, que Thucydide et Lucien nous peignent comme le plus pauvre et le plus vertueux de ses concitoyens, comme un vrai sans-culotte, de concert avec son ami Harmodius, tua le Capet d'Athènes, le tyran Pisistrate qui avoit à-peu-près l'âge et la scélératesse de celui que nous avons exterminé.* Mais arrêtons-nous, mettons fin à ces affreuses citations ; la plume tombe des mains en copiant de pareilles horreurs, ne fût-ce que pour les vouer aux larmes et à l'exécration des lecteurs. Que M. Grégoire ne m'accuse pas de le diffamer ; puis-je croire qu'il rougisse d'avoir écrit de pareilles infamies, quand, dans une brochure livrée tout dernièrement au public, il prend encore le ton et le langage d'un révolutionnaire ? D'ailleurs son nom est à la tête de l'ouvrage d'où j'ai extrait ces passages effrayans; ce n'est donc pas moi qui le diffame, mais c'est lui qui, par un écrit livré au jugement de la postérité, s'est traîné pour toujours dans la honte et dans l'ignominie. Qu'il cesse d'occuper le public de lui et de ses maximes incendiaires, cet homme altéré du sang des rois, et l'on cessera de réveiller l'affreux souvenir de ses écrits. Est-ce à un homme de son caractère qu'il appartient d'instruire un peuple, revenu de ses vertiges et de ses égaremens, à des principes sages et conservateurs de l'ordre ? Certes, il seroit plus honorable pour lui de garder le silence, de quitter sur-le-champ le sénat, et de s'enfuir dans une retraite éloignée pour y pleurer jusqu'à la mort, avec des larmes inconsolables, les maux qu'il a faits à sa nation.

La souveraineté, dit-il, est pour la nation une propriété essentielle, inaliénable, et qui ne peut jamais devenir celle d'un individu, d'une famille. Rien n'est plus faux, et ne décèle davantage une profonde ignorance sur la notion et l'origine de la souveraineté, que cette dangereuse doctrine.

La souveraineté est la réunion des trois pouvoirs nécessaires pour gouverner un peuple, savoir: le pouvoir législatif, qui est celui de porter des lois sages pour le bien du peuple; le pouvoir exécutif, qui est le droit de nommer aux dignités de l'état;

le pouvoit judiciaire, qui est le droit de prononcer sur les démêlés des citoyens, conformément aux lois, et d'en punir les infracteurs par des peines proportionnées au nombre et à la grièveté des délits. Dans la monarchie pure, ces trois pouvoirs résident dans un seul homme; dans le régime aristocratique, ils sont répartis entre plusieurs individus choisis dans la classe des nobles; et dans un gouvernement républicain, ils sont confiés à des hommes que l'on prend dans toutes les classes de la société.

Il y a deux sentimens sur l'origine de la souveraineté. Des hommes très-habiles dans la science du droit naturel et du droit des gens, font dériver la souveraineté immédiatement de Dieu même. Dans ce sentiment, c'est le peuple qui se choisit un chef, un gouvernement; mais c'est Dieu, maître absolu de tous les hommes, de toutes les familles, de tous les peuples, qui le revêt immédiatement de l'autorité souveraine. M. Grégoire n'adoptera pas ce sentiment. Il seroit trop clair que la souveraineté n'est pas pour la nation une propriété essentielle et inaliénable. D'autres publicistes, recommandables aussi par l'étendue de leur science et la profondeur de leurs vues, prétendent que la souveraineté résulte de la cession que les individus de toutes les familles se réunissant dans le dessein de former un peuple, font de leurs droits sur leurs biens et sur leurs actions au gouvernement qu'ils ont adopté. Dans ce systême, aujourd'hui très-accrédité par les philosophes modernes, auteurs de notre dernière révolution, Dieu seroit toujours, il est vrai, la source primitive et essentielle de la souveraineté, puisqu'il est l'auteur et le conservateur de tous les droits dont les hommes peuvent faire la cession à leurs semblables; puisqu'il veille sur tous les peuples, et les protége en sanctionnant de toute la force de son autorité divine leurs lois et leur gouvernement; mais la souveraineté seroit cependant un écoulement direct et immédiat de la cession faite par les familles, de leurs droits sur leurs biens et leurs actions au gouvernement qu'elles auroient adopté. Voici comment dans ce systême on explique l'origine de la souveraineté Les individus de chaque famille étant maîtres de leurs actions et de leurs biens, peuvent en disposer librement. Ils ont donc la faculté de conférer à un de leurs semblables le droit de régler leurs actions, de faire usage de leurs biens pour un but utile, déterminé par de sages conventions. Ce principe étant une fois admis comme incontestable, voici comment la souveraineté s'établit. Quand des familles, libres et indépendantes dans l'état de nature, veulent unir leurs forces, s'aider, se protéger mutuellement, et enfin former un peuple, il est nécessaire qu'elles établissent un gouvernement, c'est-à-dire, une autorité supérieure, qui puisse disposer des biens et des actions des individus pour procurer le bien général des familles. Il est donc nécessaire qu'il y ait un ou plusieurs hommes revêtus du pouvoir de commander à chaque individu ce qui importe au bien général, et c'est là le droit de disposer des actions ; il faut, en outre, qu'ils puissent disposer des biens des individus ou des familles, non arbitrairement, mais autant que l'exige le bien général : autrement il leur seroit impossible de salarier ceux qui partagent avec eux la sollicitude du gouvernement, et de supporter les autres charges de l'État ; et c'est là le droit qui s'étend sur les biens. Ce double droit sur les actions et sur les biens renferme les trois pouvoirs législatif, exécutif et judiciaire, dont se compose la souveraineté. Quand les familles, libres et indépendantes dans l'état de nature, veulent former un peuple, et par conséquent établir un gouvernement, les individus et les familles se dépouillent donc d'une partie des droits dont ils jouissoient sur leurs actions et sur leurs biens, pour en faire la cession au gouvernement qu'elles établissent dans la vue de procurer le bien général; et c'est de toutes les cessions faites par tous les individus et toutes les familles, que résulte le droit de commander à la nation, en disposant pour l'intérêt commun et des actions et des biens des particuliers. Le droit de punir de mort les malfaiteurs et les infracteurs des lois promulguées par le gouvernement est celui que les partisans de ce système font découler plus difficilement de la cession générale faite par les individus des familles qui se réunissent en corps de nation : car on ne peut céder ce qu'on ne possède pas. Or, dans l'état de nature, on ne possède pas le droit de punir de mort ceux qui violent des lois, puisque ces lois ne seront portées que par un gouvernement non encore existant. Comment donc les familles pourroient-elles faire la cession de ce pouvoir ? Dans le sentiment contraire la difficulté disparoît. Dieu, maître de la vie et de la mort des hommes qu'il tire tous les jours du néant par sa toute-puissance, communique au gouvernement établi du consentement commun des familles, mais approuvé, sanctionné, et revêtu par lui immédiament du pouvoir souverain, le droit de punir de mort les malfaiteurs et les infracteurs des lois. Alors ce pouvoir, si redoutable et si nécessaire dans toute société civile, est un écoulement direct de son domaine absolu sur toute créature.

A cette cession faite par les familles se réunissant en corps de nation, au gouvernement qu'elles établissent pour l'intérêt commun, correspond l'étroite obligation dans le gouvernement de faire servir au bien général tous les droits qui lui ont été cédés, tous les pouvoirs dont il est revêtu.

Voilà ce que l'on appelle le pacte social ; voilà la

source d'où l'on fait communément aujourd'hui dériver le pouvoir souverain dont les rois sont revêtus pour rendre leurs peuples heureux, et où tout gouvernement, même républicain, trouve l'origine de ses pouvoirs pour régir la nation.

Maintenant nous pouvons, ce me semble, prononcer avec confiance que M. Grégoire dit une fausseté évidente, quand, d'un ton décisif et tranchant, il assure que la souveraineté est pour la nation une propriété essentielle et inaliénable. En effet, la souveraineté étant la réunion des trois pouvoirs législatif, exécutif et judiciaire, absolument nécessaires pour gouverner un peuple, la réunion de ces trois grands pouvoirs résultant, dans le sentiment qui seul pourroit favoriser son système absurde, de la cession faite par les individus des différentes familles, il est évident que lorsque les familles se sont déterminées librement à choisir le gouvernement monarchique ou le gouvernement aristocratique, dès-lors la souveraineté ne réside pas dans la nation, mais dans le roi, ou dans les grands de l'état, puisque c'est entre leurs mains que s'est faite la cession des droits su les biens et les actions des particuliers, d'où résulte le triple pouvoir législatif, exécutif et judiciaire, qui compose la souveraineté. Il est donc manifeste que la souveraineté peut exister autre part que dans le peuple; que bien loin d'être pour la nation une propriété essentielle et inaliénable, elle appartient au contraire au roi, quand les familles, se réunissant en corps de nation, se sont déterminées pour le gouvernement monarchique ; ou aux grands de l'état, si elles ont adopté un gouvernement aristocratique. Disons plus, il est très-peu de nations qui aient possédé la souveraineté, parce que la plupart des peuples ayant adopté, dès leur première origine, le gouvernement monarchique, c'est dans un seul homme que les trois pouvoirs dont se compose la souveraineté ont été le plus souvent réunis. C'est presque toujours dans un seul homme, et non dans la nation, qu'a résidé exclusivement la souveraineté.

Je vais même encore plus loin, et je dis : même dans les républiques, ce n'est pas la nation qui possède la souveraineté, du moins dans sa totalité. En effet, j'avouerai bien que le pouvoir législatif appartient au peuple, si les lois n'ont de force et d'autorité qu'après avoir été munies de sa sanction; j'accorderai encore qu'en lui résideroit le pouvoir exécutif, si c'étoit la nation qui nommât elle-même aux places et aux dignités ; mais je ne conviendrai pas qu'il soit possible que la nation ait le pouvoir judiciaire. Il est évident qu'elle ne peut être toujours assemblée pour terminer les différens qui s'élèvent parmi les citoyens, pour juger les procès, condamner les malfaiteurs, maintenir le bon ordre et la tranquillité publique par l'application sévère des lois : c'est là le devoir des magistrats, et non l'office de la nation. Il n'y auroit pas dans l'univers de nation plus mal gouvernée, plus exposée aux troubles et aux dissensions intestines, qu'une nation toujours assemblée pour faire rendre la justice aux particuliers, et maintenir la tranquillité publique. Qui ne sait que les assemblées générales de la nation ont été très-souvent les foyers de la discorde et du trouble? N'est-ce pas là qu'éclatent les chocs les plus terribles aux nations? N'est-ce pas là que l'on voit s'allumer l'affreux incendie des intérêts et des passions armées les unes contre les autres pour s'entre-détruire, sous le spécieux prétexte de corriger les abus et de procurer le bien général? Voilà donc encore la souveraineté enlevée même aux républiques, voilà la fausseté ridicule de cette proposition de M. Grégoire : *La souveraineté est pour la nation une propriété essentielle et inaliénable*, dévoilée aux yeux de tout lecteur qui réunira le bon sens à l'impartialité. Il ne lui reste plus autre chose à dire, si ce n'est que les membres du gouvernement sont les représentans de la nation, que le peuple est souverain, parce qu'il peut à son gré déposer les rois et varier les formes du gouvernement.

Les membres du gouvernement sont les représentans de la nation. Je passe l'expression, et je vais au fond de la difficulté; mais, sous un gouvernement monarchique ou aristocratique, ces représentans de la nation sont revêtus du triple pouvoir législatif, exécutif et judiciaire, et par conséquent de la souveraineté toute entière; mais dans le gouvernement, même républicain, ils possèdent nécessairement le pouvoir judiciaire, qui est une partie de la souveraineté. *Le peuple est souverain, parce qu'il peut à son gré déposer les rois et varier les formes du gouvernement.* Vaine réponse, qui prouveroit une chose ridicule, dont la fausseté sauteroit aux yeux des hommes les plus bornés dans leurs facultés intellectuelles; ce seroit dire que le serviteur est le souverain de son maître; car c'est de lui que son maître a reçu le pouvoir de lui donner des ordres au moment où il se plaça sous sa dépendance, et il peut, quand bon lui semblera, secouer son joug, s'il lui paroît trop dur, pour se mettre, à de nouvelles conditions, sous la dépendance d'un autre maître. Que M. Grégoire ne s'indigne pas de la comparaison; je ne la presse pas sous tous les rapports. Je sais qu'un maître ordinaire envisage son intérêt particulier quand il reçoit à son service un homme qui lui promet le fruit de son travail, tandis que le prince, établi pour le bonheur de la nation, ne doit considérer dans l'exercice du pouvoir souverain que le grand intérêt du peuple dont le salut lui est confié. Mais j'emploie cette comparaison pour faire sentir combien il est ridicule de dire que le peuple est souverain, parce qu'on lui attribue le pouvoir de déposer les rois et de varier à son gré les formes du gouvernement. Au reste, nous sommes bien éloignés de lui accorder un pareil pouvoir. Nous verrons incessamment combien ce pouvoir lui seroit funeste et tourneroit nécessairement à sa ruine, dans la discussion de cette intéressante question :

Louis XVIII a-t-il été dépouillé de ses droits à la couronne ?

Non, il les a conservés dans toute leur intégrité, malgré l'acharnement de ses ennemis, et les orages politiques dont la France a été la victime (*a*).

Quand une nation s'est soumise à un roi, et qu'elle a placé à perpétuité dans sa race l'hérédité de la couronne, dès lors le droit de souveraineté se transmet selon l'ordre de succession établi par la constitution de l'état, sans qu'il soit besoin d'une nouvelle élection, d'un nouveau consentement de la part du peuple. C'est un pacte social entre la famille royale et la nation, qui tourne à l'avantage de la nation

---

(*a*) Sans porter aucun jugement sur le fond de la question de l'origine de la souveraineté, je parlerai souvent d'un pacte social entre le roi et la nation. Il y en a un en effet, quel que soit le parti qu'on prenne sur cette question; car il est également admis dans les deux sentimens, que d'une part les familles voulant se réunir en corps de nation, consentent à être régies par le gouvernement, dont elles choisissent la forme, et que de l'autre, le gouvernement s'engage à procurer le bien général.

elle-même, parce qu'il la soustrait aux dangers des factions et des guerres civiles qui déchirent les monarchies électives. Dans cet ordre de choses, le peuple n'est jamais sans roi: à la mort de celui qui gouverne, son successeur est aussitôt proclamé par la constitution de l'état. Il n'est donc pas nécessaire de tenir ces assemblées générales de la nation, où les passions les plus dangereuses s'entre-choquent et se blessent, où l'ambition forme des partis, où la couronne est présentée au dernier enchérisseur, et où enfin doivent éclater, pour le malheur de la nation, ces révolutions et ces guerres intestines dont on sait le commencement, mais dont on ne sauroit prévoir le terme. Cet ordre de choses, en fixant la dignité royale dans une seule famille, impose donc un frein à l'ambition des grands et des hommes puissans; et s'il rend la majesté du trône plus sacrée et plus respectable aux yeux du peuple, il rend aussi plus cher au cœur des rois le salut des peuples, en leur montrant dans la souveraineté l'héritage de leurs enfans, et dans la nation soumise à l'autorité royale, le ferme soutien de leur trône et de leur gloire dans les siècles à venir. Enfin, ce pacte social qui oblige le roi et sa race à toute la sollicitude d'un bon gouvernement, impose à la nation le devoir rigoureux de respecter dans la famille royale le droit de souveraineté, comme un droit sacré et inviolable. Car, repoussons loin de notre esprit ce principe faux et dangereux, malheureusement trop accrédité par nos philosophes modernes, que la nation peut varier à son gré les formes du gouvernement, et précipiter quand bon lui semble, du haut du trône, le roi et les héritiers de son pouvoir.

Ce seroit mettre une épée dans les mains d'un furieux, que de donner aux peuples la faculté de se révolter contre le roi, de le déposer, et d'ôter à sa famille l'hérédité de la couronne, au premier acte d'injustice commis par le roi, au premier abus du pouvoir souverain. Ce seroit faire dépendre la sûreté publique, le repos de l'état et la majesté du trône, des caprices d'un peuple aveugle qui ne connoit ni les dangers, ni les ressources, ni les charges de l'état; d'un peuple léger, inconstant et injuste, qui crie à la vexation et à la tyrannie, quand on lui impose une nouvelle contribution, quand on lui demande un nouveau sacrifice, sans connoître les motifs qui ont déterminé le prince et son conseil. Ce seroit donner une arme terrible à tous les mécontens et à tous les ambitieux, pour semer l'esprit d'indépendance et de révolte; enfin, ce seroit précipiter la nation entière dans le plus grand de tous les maux, je veux dire dans l'anarchie, qui n'agit que par secousse et par ébranlement, répand le sang avec fureur, sème la mort et le deuil dans les familles, marche accompagnée de tous les partis et de tous les fléaux, et rend la nation malheureuse jusqu'à ce que la révolution, dont elle est l'affreux résultat, soit enfin terminée ; jusqu'à ce que le plus fort ait vaincu le plus foible, pour régner, hélas ! peut-être d'un règne mille fois plus affreux que celui du roi détrôné. Une récente et terrible expérience vient ici à l'appui du raisonnement. On a détrôné Louis XVI avec le beau principe de la souveraineté du peuple, et à la place d'un bon roi, on a eu les fureurs de l'anarchie et le règne tyrannique de Buonaparte. Et que l'on n'oppose pas l'exemple même de Buonaparte, dont la déchéance, déclarée par le sénat, n'a point allumé de guerre civile dans le sein de la Ftance. Tous les rois dont l'ambition voudroit renverser la puissance, ne jouiroient pas du privilége de se faire détester comme ce tyran. D'ailleurs, les armées imposantes des puissances alliées, rassemblées sous les murs de la capitale, imprimoient aux partisans de Buonaparte, qui eussent tenté de souffler le feu de la guerre civile, une terreur salutaire, dont le résultat a été le bon ordre et la tranquillité publique. Gardons-nous donc de proclamer ce principe dangereux, que le peuple a le pouvoir de changer à son gré les formes d'un gouvernement. Certes, quand des familles libres, dans l'état de nature, se soumettent à un gouvernement monarchique, dans le dessein de former un peuple, elles ne travaillent pas pour leur destruction, mais pour leur sûreté particulière et pour le salut de tous. Elles ne se réservent donc pas un pouvoir qui tourneroit à leur ruine, en les précipitant, pour un temps indéfini, dans les horreurs d'une guerre civile, en les exposant à tous les maux dont nous venons de tracer le tableau. Il est un seul cas où l'on peut, avec quelqu'ombre de raison, prétendre que le peuple a le pouvoir de déposer le roi; ce seroit celui où le roi exerceroit sur son peuple une tyrannie telle, qu'il sembleroit ne régner que pour détruire. Je dis avec quelqu'ombre de raison, car ce pouvoir seroit très-dangereux dans les mains du peuple, parce qu'il favorise les caprices du mécontentement et les excès de l'ambition; parce que l'anarchie, le plus grand de tous les maux dont le poids puisse écraser une nation, est toujours voisine de l'exercice de ce pouvoir; parce qu'enfin, l'anarchie elle-même seroit souvent suivie d'une nouvelle tyrannie, plus affreuse que la première; nous pensons défendre le bonheur du peuple, en disant avec confiance que les familles, au moment où elles se réunissent en corps de nation, ne se réservent point un pareil pouvoir par le pacte social. Il est à remarquer que si le peuple jouissoit de ce pouvoir, la couronne enlevée au roi détrôné ne devroit pas être présentée à un étranger, mais placée sur la tête de son légitime successeur. La constitution de l'état et le salut du peuple en feroient un devoir sacré.

Ils sont donc les ennemis de la nation, ces publicistes modernes, si follement entêtés de leur grand principe de la souveraineté du peuple, et du droit qu'ils lui attribuent de reprendre à son gré le pouvoir du gouvernement, après l'avoir donné à un roi et à ses descendans. Ils l'oppriment, quand ils proclament hautement toutes ces horribles maximes destructives de la stabilité des trônes et du salut des sociétés. Bien loin d'accroître la grandeur et la majesté de la nation, ils la dégradent, en semant dans son sein le germe de l'anarchie et du malheur. Ce sont les dignes successeurs de ces révolutionnaires de 1793, qui, en renversant le trône, ont écrasé la France sous ses débris. Il est bien étonnant qu'une grande leçon, donnée par une longue et terrible expérience, ne les ait pas corrigés, et qu'au moment où ils devroient déplorer les malheurs dont ils sont coupables, ils affichent encore, sous les auspices d'une autorité paternelle, leurs principes incendiaires.

Disons-le donc avec joie, appuyés sur des principes incontestables : A la mort du vertueux et infortuné Louis XVI, la couronne passa de droit à son fils Louis XVII, en vertu de la constitution de l'Etat. A la mort de Louis XVII, victime, comme son auguste père, de la fureur révolutionnaire, elle passa dans les mains et sur la tête de MONSIEUR, comte de Provence, et maintenant Roi de France, sous le nom de Louis XVIII.

En effet, puisque la nation ne peut pas ébranler et renverser à son gré le trône des rois; puisque le pacte social, sur lequel est fondé le droit d'une famille à la souveraineté, est sacré et inviolable; puisqu'enfin, s'il permettoit la déposition d'un tyran, la couronne devroit passer sur la tête de son successeur légitime; donc l'abolition de l'ancienne constitution de France, qui plaçoit à perpétuité, dans la race des Bourbons, l'hérédité de la couronne, a été un attentat contre l'autorité royale, un acte d'injustice et de violence, nul et de nul effet aux yeux de tout homme éclairé; donc Louis XVIII, à la mort de Louis XVII, a recueilli l'héritage de ses ancêtres, et conservé ses droits à la couronne de France. Quels événemens auroient pu l'en dépouiller, après qu'il en a été revêtu?

Seroient-ce les révolutions dont la France a été agitée jusqu'à l'avènement de Buonaparte au consulat? A ces différentes époques, aucun gouvernement n'a été solidement établi; on a vu, durant ces jours de larmes et de deuil, des factions ennemies déchirer le sein de la France par d'horribles ébranlemens, passer successivement de l'humiliation de la défaite à la gloire du triomphe, et de la gloire du triomphe à une nouvelle oppression. Personne n'a donc pu, dans ces temps de malheur, hériter des droits à la couronne de

France, aux dépens de Louis XVIII, par une longue et paisible possession.

Seroit-ce le règne de Buonaparte qui auroit fait tomber le sceptre des mains de cet auguste Prince ? Mais quel droit un étranger, sujet de Louis XVIII, avoit-il de prendre le sceptre dans les mains de son Roi, et de se montrer au peuple dans cet appareil de puissance ? Il a pu sans crime, il est vrai, saisir les rênes flottantes du gouvernement pour arracher la France au fléau de l'anarchie, et donner à l'Etat une solidité dont il étoit privé depuis si longtemps. Je lui accorde encore davantage; il a eu le droit de commander à la nation pendant tout le temps que le rappel du souverain légitime au trône eût exposé le peuple à une nouvelle révolution, à de nouveaux malheurs. Le bien de la nation demandoit alors avec empire qu'il gouvernât provisoirement, et le Roi eût été déraisonnable, s'il eût désapprouvé un gouvernement dont le résultat étoit le bien de ses sujets. Mais de quel droit Buonaparte a-t il demandé à la France de le placer sur le trône, et d'assurer à sa famille l'hérédité de la couronne ? Sujet de Louis XVIII, il devoit épouser ses intérêts, et non chercher les siens aux dépens des intérêts de son maître; il devoit préparer son rappel au trône, et non pas l'usurper. Eh quoi ! on ne peut, sans injustice, prendre possession d'un arpent de terre, si l'on n'a un titre légitime; et parce que le trône est environné d'une grande puissance, parce que l'éclat de la grandeur et de la majesté dont brille celui qui l'occupe allume plus vivement l'ambition, il aura été permis à Buonaparte d'y prétendre, de s'en emparer et de s'y asseoir? Il suffira donc qu'un bien excite davantage la cupidité des hommes injustes, pour qu'il soit plus exposé aux insultes de la violence? Le sacrifice eût été pénible, je l'avoue, à un homme que la gloire du commandement éblouissoit: mais il étoit un devoir, et il eût été à un sujet fidèle, doué d'un cœur noble et magnanime, l'occasion d'immortaliser sa mémoire parmi les hommes généreux, fidèles à leurs princes. Certes! si Buonaparte avoit tenu cette noble et magnanime conduite, il ne seroit pas aujourd'hui un ob et d'exécration à toute l'Europe; il seroit un modele présenté à la postérité, et le plus bel ornement de l'histoire. Rendons ce témoignage à la vérité: il est plus glorieux de faire un sacrifice qu'exige impérieusement le devoir, que de régner sur plusieurs peuples.

D'ailleurs, en demandant à la France de lui conférer à lui et à sa famille le titre de la souveraineté, il demandoit à la nation ce que la nation n'avoit pas le pouvoir de lui accorder. Le pacte social, muni de la foi des sermens, qui plaçoit à perpétuité, dans la race des Bourbons, l'hérédité de la couronne, et qui n'avoit été violé que par des attentats et des scènes révolutionnaires, ne laissoit point à la nation le pouvoir de donner à Buonaparte la couronne de Louis XVIII. Les principes, dont nous avons fait plus haut l'exposé, en sont une preuve incontestable.

Cependant j'entends des hommes mal disposés envers leur Prince, ou peu éclairés sur les principes, tenir ce langage : Il y avoit un parti redoutable contre la race des Bourbons ; rappeler les Bourbons au trône, c'étoit sonner le tocsin de la guerre civile, et replonger la France, pour un temps indéfini, dans les horreurs de l'anarchie, dont elle étoit à peine sortie.

Dans une pareille circonstance, le peuple, dont le salut est la suprême loi, ne pouvoit-il pas croire qu'il étoit délié de ses sermens envers la famille royale, et déférer sans crime la couronne à Buonaparte et à sa famille, à perpétuité ?

Il y avoit un parti redoutable contre la race des Bourbons. Oui, sans doute ; c'étoit précisément celui qui avoit fait la révolution par un crime inoui dans les annales de la France et au mépris de toutes les lois ; c'étoit une troupe furieuse de barbares, armés contre leur souverain légitime, avides du sang français, et plus semblables à des bêtes farouches qu'à des hommes; c'étoient ces hommes sans principes et sans conscience, qui avoient immolé le vertueux Louis XVI à leur rage insensée. Et quelle conséquence tireroit-on avec justice et vérité, de l'existence de ce parti redoutable aux Bourbons contre la légitimité et la certitude de leurs droits à la couronne ? Eh quoi ! suffit-il qu'il y ait un grand nombre de coupables pour que l'innocent perde ses droits ? Si des hommes injustes avoient trempé leurs mains dans le sang de votre père ; si, par la calomnie, la violence et une suite innombrable d'injustices et de crimes, ils s'étoient emparés de l'héritage qui vous étoit destiné ; si, dans la crainte de devenir la proie de leur fureur sanguinaire, vous vous étiez volontairement condamné à l'exil loin de vos amis et de vos biens, croiriez-vous avoir perdu tous vos droits à l'héritage de vos pères ? Non sans doute ; la violence et l'injustice de vos ennemis vous paroîtroient un crime digne de mort, et non un titre qui vous dépouillât de vos droits à l'héritage paternel. Eh bien ! prononcez maintenant si les Bourbons avoient perdu leurs droits à la couronne de France, à cet antique héritage de leurs pères, dont le titre étoit un pacte social, muni de la foi des sermens, et respecté par les Français durant une longue suite de siècles, parce que des hommes de sang levoient contre eux l'étendard de la révolte ; parce que des coupables, dignes de descendre dans les cachots où ils enfermoient les innocens, et de périr sur les échafauds où ils les immoloient sans pitié, leur disputoient la couronne?

Rappeler les Bourbons au trône, c'étoit sonner le tocsin de la guerre civile, et replonger la France pour un temps indéfini dans les horreurs de l'anachie dont elle étoit à peine sortie. Cela prouve que l'exercice du droit des Bourbons à la couronne n'étoit pas possible à cette époque; mais cela ne prouve nullement que leur droit fût anéanti. Votre droit à l'héritage de vos pères n'est point anéanti par la violence des hommes injustes, qui s'en sont emparés au mépris de toutes les règles de l'équité; il est seulement suspendu jusqu'au moment où la justice des lois atteindra le coupable, et vous rétablira dans l'exercice de vos droits.

Mais enfin à quelle extrémité réduisez-vous la France? Il lui falloit un prince. Elle ne pouvoit rappeler les Bourbons sans s'exposer aux plus grands malheurs; déliée de ses sermens envers ses anciens princes, elle pouvoit donc sans crime déférer la couronne à Buonaparte, pour mettre un terme à ses maux. Encore une fois, si la France n'eût pas été coupable et injuste envers ses princes, le rappel des Bourbons au trône, loin d'attirer des maux sur la nation, eût été l'expiation de son attentat et la réparation de ses malheurs. Or, je le répète, le nombre des coupables et des hommes injustes ne détruit pas le droit de l'innocent. Le salut de la France n'étoit pas pour cela désespéré. Les sujets fidèles pouvoient en conscience et devoient même obéir au gouvernement existant, se soumettre à l'empire des lois, demeurer sous la dépendance de Buonaparte jusqu'à ce que l'époque heureuse de secouer son joug de fer, et de rétablir le prince légitime dans l'exercice de ses droits, fût enfin arrivée. Le bien de la nation l'exigeoit impérieusement. Le roi ne pouvoit pas raisonnablement demander l'exercice d'un zèle ardent, mais impuissant et nuisible à son peuple. Quant aux sermens de fidélité prêtés à Buonaparte par tous ceux qui occupoient des places, ils n'alloient pas au-delà des événemens qui amèneroient une nouvelle révolution, et ouvriroient au prince légitime une voie favorable pour remonter sur le trône. Il ne reste plus qu'une seule objection à résoudre, et il sera montré clairement à tout homme judicieux que le règne de Buonaparte n'a point dépouillé Louis XVIII de ses droits à la souveraineté.

Buonaparte a occupé paisiblement le trône pendant dix ans : cette longue et paisible possession de la couronne n'est-elle pas un titre légitime à la souveraineté ? n'est-elle pas une prescription véritable contre le droit des Bourbons au trône ?

Gardons-nous de consacrer l'usurpation par des principes dangereux, et de diminuer le respect dû au gouvernement légitime et à la majesté royale. On conçoit que la paisible possession d'un trône usurpé, continuée pendant une longue suite d'années, peut détruire le vice de l'usurpation et donner à l'usurpateur un droit légitime à la couronne, si son gouvernement, doux et paternel procure le salut et la prospérité de l'état. Durant ce long espace de temps, les héritiers légitimes du pouvoir souverain ou abdiquent librement la couronne, ou témoignent d'une autre manière, par leur conduite, qu'ils ne prétendent plus conserver le droit de gouverner la nation, mais qu'ils l'abandonnent à l'usurpateur. D'ailleurs, sous un régime doux et paternel, la nation s'affectionne insensiblement, et par degré, à celui qui en tient les rênes, et si les anciens princes de la nation ne devoient remonter sur le trône que pour exercer des vengeances, appesantir sur les familles un joug tyrannique, et enfin rendre le peuple malheureux, on comprend qu'au bout d'un certain temps leurs droits s'affoibliroient et n'existeroient plus. Le bien de la nation exigeant que la couronne demeurât entre les mains de l'usurpateur ou de ses héritiers, dès-lors le vice de l'usurpation seroit couvert, et les princes de l'ancienne famille royale seroient déchus du trône. Voilà, ce me semble, la véritable manière d'expliquer comment un usurpateur peut devenir souverain légitime par une longue et paisible possession de la couronne. Voyons maintenant si Buonaparte a jamais pu invoquer ces principes pour légitimer son usurpation.

D'abord Louis XVIII a-t-il abdiqué ses droits au trône de France? Je ne crois pas que personne ose le dire. On sait avec quelle générosité, avec quelle noblesse royale, il repoussa les offres que lui fit Buonaparte en 1802, pour l'engager à l'abdication de ses droits. Quoique sa réponse ait été consignée dans les papiers publics, on ne me saura pas mauvais gré de la replacer ici sous les yeux du lecteur. » Je ne con-« fonds pas M. Buonaparte avec ceux qui l'ont pré-« cédé : j'estime sa valeur, ses talens militaires, je « lui sais gré de quelques actes d'administration : car « le bien qu'on fera à mon peuple me sera toujours « cher.

« Mais il se trompe, s'il croit m'engager à renon-« cer à mes droits : loin de là, il les établiroit lui-« même, s'ils pouvoient être litigieux, par la démar-« che qu'il fait dans ce moment.

« J'ignore les desseins de Dieu sur moi et sur mon « peuple ; mais je connois les obligations qu'il m'a « imposées : chrétien, j'en remplirai les devoirs jus-« qu'à mon dernier soupir ; fils de Saint-Louis, je « saurai comme lui me respecter jusque dans « les fers ; successeur de François I.er, je veux tou-« jours pouvoir dire avec lui : *tout est perdu fors* « *l'honneur.* »

C'est dans de semblables sentimens qu'il renvoya à Charles IV, roi d'Espagne, la décoration de l'ordre de la Toison-d'Or, lorsqu'il apprit que le prince l'avoit envoyée à Buonaparte, en lui écrivant dans les sentimens d'un cœur français, et avec autant d'énergie que de noblesse, les paroles suivantes :

« Il ne peut y avoir rien de commun entre moi « et le grand criminel dont l'audace et la fortune « l'ont placé sur mon trône, qu'il a eu la barbarie « de teindre du sang pur d'un Bourbon, du duc « d'Enghien.

« La religion peut m'engager à pardonner à un as- « sassin ; mais le tyran de mon peuple doit tou- « jours être mon ennemi.

« Dans le siècle présent, il est plus glorieux de « mériter un sceptre que de le porter.

« La Providence, par des motifs incompréhensi- « bles, peut me condamner à finir mes jours en « exil ; mais ni la postérité ni mes contemporains ne « pourront dire que, dans le temps de l'adversité, « je me suis montré indigne d'occuper, jusqu'au « derniersoupir, le trône de mes ancêtres. »

Nous ne multiplierons pas les preuves pour démontrer un fait dont personne ne conteste la vérité : il est hors de doute que Louis XVIII n'a jamais renoncé à ses droits au trône de France en faveur de Buonaparte. Voyons maintenant si la possession où a été cet usurpateur, pendant dix ans, de gouverner la France avec un sceptre de fer, a établi son droit à la souveraineté, aux dépens de l'ancienne dynastie.

Deux considérations principales peuvent servir à fixer le temps que doit durer la possession paisible d'une couronne usurpée, pour prescrire les droits de la souveraineté contre le prince légitime ou ses héritiers. La première est prise dans le respect dont doit être environné le trône et la majesté royale; et la seconde dans l'intérêt direct et immédiat de la nation.

Il est dangereux d'établir que la possession paisible d'un trône usurpé, pendant dix ou quinze ans, légitime l'usurpation. Défions-nous des principes qui favoriseroient cet acte de violence et d'injustice, en donnant de la hardiesse aux ambitieux pour ébranler les trônes ou y monter avec audace, au mépris des lois les plus sacrées. S'il est un droit respectable qu'il faille entourer d'une puissante barrière, c'est sans doute celui de la souveraineté, puisque c'est le droit le plus étendu, le plus noble et le seul auquel se rattachent tous les intérêts de la nation. Quand un homme audacieux, soutenu par un parti nombreux et puissant, porte une main sacrilége sur la personne ou le trône de son prince, il frappe toute la nation; il ébranle ordinairement l'état dans ses fondemens; il le met à deux doigts de sa perte, en l'exposant aux horreurs de la guerre civile et de l'anarchie. Tous les individus, toutes les familles, tous les corps de l'État sont outragés dans la personne du prince : il faut donc inspirer de l'horreur pour cet attentat ; il faut attacher à l'usurpation un caractère de honte et d'ignominie ; l'usurpateur doit être un homme odieux à toute la nation, comme un homme injuste est odieux à une famille à qui il a enlevé son chef et son héritage. Gardons-nous donc de croire que la possession paisible d'une couronne usurpée, pendant dix ou quinze ans, légitime l'usurpation et détrône l'ancienne dynastie aux yeux de Dieu, protecteur des sociétés et des trônes. Eh quoi ! pour prescrire une vigne, un fonds de terre, une vieille masure dont les pans de murailles menacent ruine, la loi civile demande, en certains cas, une possession paisible de vingt années ; pour prescrire une servitude en vertu de laquelle le voisin d'un propriétaire pourroit passer sur son terrain, ou verser sur son fonds les eaux pluviales qui s'écoulent du toit de sa maison, la loi demande un laps de temps de trente années : et, pour prescrire une couronne usurpée par la violence et l'injustice, pour prescrire la majesté du trône et le droit de gouverner tout un peuple, dix ou quinze ans d'une possession continuée malgré le cri de la conscience, seront un terme assez long ! Poser un tel principe, n'est-ce pas avilir et dégrader la majesté royale ? N'est-ce pas anéantir le respect qui lui est dû pour le bonheur du peuple; donner les mains à l'usurpateur pour l'affermir sur le trône? N'est-ce pas enfin outrager la nation elle-même, par le mépris où l'on jette le droit de souveraineté auquel se rattachent cependant le repos de tous les individus, les droits et la prospérité de toutes les familles, et enfin la gloire et le bonheur de la nation?

Je sais que les régles de la prescription des immeubles et celles de la prescription des trônes, ne doivent pas être assimilées sous tous les rapports; mais je sais aussi qu'il est dangereux de diminuer le respect dû au gouvernement légitime et à la majesté royale; qu'il est funeste au bien des peuples d'affoiblir l'horreur qu'ils doivent conserver pour la révolte et l'indépendance, et que c'est une sottise en politique, comme un crime en religion, de protéger par des principes hasardés et faux les usurpateurs. Remarquons-le soigneusement, les usurpateurs étant pour l'ordinaire des hommes soupçonneux, cruels, avides de gloire et de sang, des fléaux pour la nation qu'ils gouvernent, l'opprobre de l'humanité et la honte des annales d'un peuple; ils ne méritent point la protection des hommes sages, mais plutôt l'horreur de la nation, et l'exécration des siècles à venir. Il est dangereux de poser des maximes qui couvrent en trop peu de temps le vice de l'usurpation.

Ce principe paroîtra du moins incontestable à tout

homme judicieux et impartial, si l'usurpateur appesantit tellement le poids de l'autorité sur la nation, s'il fait tellement son malheur, que le retour de l'ancienne dynastie au gouvernement soit pour elle un bienfait du ciel; car alors où l'usurpateur puiseroit-il un titre légitime à la souveraineté? Si le salut du peuple est, comme on le répète souvent, la suprême loi; si le pouvoir souverain réside dans les princes pour le bonheur de la nation; si enfin, comme il est évident, l'autorité du gouvernement doit exister dans l'ancienne dynastie jusqu'à ce qu'il soit expédient à la nation, qu'elle soit transmise à l'usurpateur; donc l'ancienne dynastie conserve ses droits à la couronne, quand le salut du peuple demande qu'elle reprenne les rênes du gouvernement; donc l'usurpateur qui fait le malheur de la nation, n'acquiert aucun droit à la souveraineté, mais augmente seulement la masse de ses crimes, en augmentant le poids de ses horribles vexations. Voilà les principes, maintenant prononcez sur les droits de Buonaparte, et sur ceux de Louis XVIII. Repassez dans votre esprit les maux que le tyran a faits à la France, pensez au bien que le retour du roi lui promet, et jugez avec impartialité si le salut de la nation française demandoit que le sceptre passât des mains pures de Louis XVIII, dans les mains souillées de sang de Buonaparte.

Enfin il n'est plus qu'un seul événement dont

on puisse demander s'il a dépouillé Louis XVIII de ses droits à la souveraineté ; c'est la conquête de la France par les puissances alliée . Si ce dernier événement ne lui a pas enlevé ses droits, il les a conservés dans toute leur intégrité, jusqu'au moment de son entrée dans la capitale. Or trois réflexions à ce sujet mettront en évidence cette vérité : La conquête de la France par les puissances coalisées n'a point dépouillé Louis XVIII de ses droits à la couronne.

1.° L'usurpateur du trône de France étoit l'ennemi des puissances coalisées, et non le souverain légitime. Louis XVIII ne s'étoit jamais rendu coupable d'aucun crime qui dût lui attirer la haine des nations. Son rétablissement dans l'exercice de ses droits étoit, au contraire, le plus sûr garant de la paix générale et du bonheur de l'Europe. Il étoit donc seulement permis aux puissances alliées de renverser du trône l'usurpateur qui faisoit le malheur du monde ; mais elles ne pouvoient, sans blesser les droits de l'équité, dépouiller de ses droits Louis XVIII, innocent des crimes de l'usurpateur, et dont le règne devoit pacifier l'Europe entière.

2.° Les puissances alliées ont facilité le succès de leurs armes, en répandant avec profusion, sur toutes les frontières de la France, des proclamations où l'on promettoit aux Français le retour des Bourbons au trône. N'étoit-ce pas un engagement de les y rétablir ? Si, après s'être ouvert les portes de plusieurs villes et de plusieurs provinces par ces nombreuses proclamations, elles avoient ensuite prétendu invoquer le droit de conquête pour dépouiller Louis XVIII de ses droits à la couronne, je demande quel nom on eût donné à cette conduite, si elle n'eût pas passé aux yeux de tout homme sage pour une insigne fourberie ? Je sais qu'il est des ruses de guerre autorisées par le droit naturel et le droit des gens. Il seroit ridicule de faire un crime à un général d'avoir trompé l'ennemi sur sa véritable position, par des feux allumés sur des hauteurs où n'étoient point rassemblées ses forces, ou de surprendre par une fausse attaque l'endroit foible d'une place assiégée. Mais s'ouvrir les portes des villes et des provinces, affoiblir l'énergie d'une nation, se faciliter la conquête d'un pays en se proclamant les libérateurs du peuple qui l'habite, en lui promettant le retour de son souverain légitime au trône, et ensuite invoquer le droit de conquête pour dépouiller le Prince légitime de ses droits, est-ce là faire usage d'une ruse de guerre ? Non ; c'est violer ses promesses, c'est tromper avec bassesse une nation généreuse, c'est se rendre coupable d'une insigne fourberie. Une pareille conquête seroit pleine d'injustice ; elle n'enlèveroit point au prince légitime ses droits à la couronne, elle honoreroit le peuple vaincu en couvrant d'opprobre le vainqueur.

3.° Enfin, quoi qu'il en soit de ce prétendu droit de conquête, en vertu duquel les puissances coalisées auroient pu dépouiller Louis XVIII de ses droits à la souveraineté, il est certain que, si elles l'ont eu, elles n'en ont point fait usage. On sait qu'un des premiers actes d'autorité de l'empereur Alexandre dans les murs de Paris, a été la délivrance des hommes généreux qui avoient été jetés dans les cachots, en punition de leur dévouement à Louis XVIII ; on sait que les alliés ont secondé de tout leur pouvoir le mouvement général de la nation vers son Prince légitime ; on sait enfin qu'en permettant à la nation d'émettre librement son suffrage sur le rappel de Louis XVIII au trône, ils ne lui ont pas donné la faculté de le dépouiller de ses droits (faculté qu'ils n'avoient pas eux-mêmes, ainsi que nous venons de le prouver), mais qu'ils ont abandonné la nation au cri de sa conscience, et de ses devoirs envers son Prince légitime. La conquête de la France par les puissances alliées n'a donc point privé Louis XVIII de ses droits à la souveraineté.

Résumons maintenant les points principaux de cette importante discussion, et présentons-en le résultat dans un même tableau.

Ni aucun des attentats commis contre le pacte

social qui établissoit à perpétuité dans la race des Bourbons l'hérédité de la couronne, ni les scènes révolutionnaires qui se sont passées en France depuis l'ébranlement du trône de Louis XVI, ni le règne tyrannique de Buonaparte, ni la conquête de la France, n'ont privé Louis XVIII de ses droits à la souverainneté, ou ne l'en ont dépouillé après qu'il en a été revêtu. Cet illustre monarque a donc traversé vingt années de malheurs sans perdre ses droits au trône ni flétrir sa couronne. L'acte du sénat qui le rappeloit au trône de ses ancêtres a donc été non un rappel libre, mais un acte de justice : ainsi l'a jugé la nation. Elle n'a point considéré Louis XVIII comme un simple particulier ou un étranger appelé au gouvernement par le consentement libre d'un peuple, mais comme un souverain légitime rentré dans l'exercice de ses droits par la suite des plus heureux événemens. Ainsi l'a montré le roi par sa noble conduite. Dans sa déclaration donnée à Saint-Ouen, avant de faire son entrée dans les murs de sa capitale, il a accepté une partie de la constitution rédigée par le sénat, et a rejeté le reste comme étant l'ouvrage de la précipitation. Il s'est décoré du titre de ses ancêtres, de roi de France et de Navarre, par la grâce de Dieu, sans ajouter, et par la constitution, comme le désiroit M. Grégoire. Il s'est dit rappelé au trône de ses ancêtres *par l'amour de son peuple* : ainsi l'a jugé le sénat lui-même. Quoique le roi n'eût accepté qu'une partie de sa constitution, il lui a cependant rendu les honneurs dus à la majesté du trône. A son entrée dans le sanctuaire de Notre-Dame, on a entendu MM. les sénateurs crier, Vive le roi! en agitant leur panache blanc, et en mêlant leurs transports aux transports du peuple. Quelqu'un même m'a assuré avoir vu M. Grégoire agiter, à l'exemple de ses confrères, son chapeau de sénateur, assez modestement cependant, ainsi qu'il convenoit *à un républicain d'esprit et de cœur.*

C'est ainsi que les autorités, les faits et les principes se réunissent pour proclamer hautement la vérité et la justice de cet hommage rendu à la majesté du trône et à la personne sacrée de Louis XVIII :

Louis XVIII, roi de France avant d'avoir adopté les bases de la constitution de 1814.

Français! ralliez-vous donc plus fortement que jamais autour de votre auguste monarque. Il se présente à vous avec ses titres incontestables à la couronne, avec les malheurs de sa famille et ses vertus. Louis XVIII, ami et pére du peuple, a dans son cœur le désir ardent de porter un prompt remède à tous vos maux. Déjà il s'est imposé à lui-même la loi des sacrifices, il a réuni dans la seule enceinte de son palais toute la famille royale, pour diminuer les dépenses du trône et soulager son peuple. Comptez donc sur son amour et sa générosité. S'il ne vous ôte pas subitement toutes les charges vexatoires dont la tyrannie vous a accablés, n'en accusez pas son cœur vraiment royal, mais les nécessités urgentes de l'état. Déjà, par son seul retour dans l'héritage de ses ancêtres, il a présenté à la France et aux nations assemblées l'olivier de la paix; il vous a délivré de l'horrible fléau de la guerre. Votre jeunesse ne sera plus moissonnée avant le temps par le glaive de l'étranger. Les fêtes lugubres de la mort et du tombeau ne seront plus les seules fêtes des familles. On ne verra plus les mères éplorées redemander à un tyran leurs fils immolés avec barbarie. Le vieillard, au bord de la tombe, ne versera point des larmes amères sur le dernier rejeton de sa race, flétri et renversé par un glaive aveugle et destructeur. Réjouissez-vous donc avec transport sous les heureux auspices de ce règne de paix. Ah! ce n'est plus une paix forcée et éphémère dont vous jouissez en ce moment, c'est une paix durable consacrée par la justice et le besoin de tous les peuples. Les nations sont fatiguées de s'entre-déchirer les unes les autres, et de répandre leur sang avec fureur. Un cri de paix retentit d'un bout de l'Europe à l'autre. Vienne, Saint-Pétersbourg, Londres, Berlin, toutes les capitales, toutes les villes de l'Europe, chantent les hymnes du bonheur et de l'accord unanime des nations. Le drapeau français, orné des lys des Bourbons, qui flotte sur les cités, les hameaux, les temples de la France et les palais de nos rois, n'est donc plus seulement l'emblême de la paix parmi les Français; il est encore le signal d'une paix générale, d'une fête européenne où toutes les nations signent enfin, après bien des déchiremens et des douleurs, le repos du monde. Français, soyez donc fidèles à votre roi, qui vous procure le grand bienfait de la paix, en vous en promettant d'autres encore pour l'avenir. J'ajouterai, soyez fidèles à votre religion. Puisqu'elle a partagé les malheurs de la famille royale, il est juste qu'elle soit associée à son triomphe. Qu'il me soit donc permis de lui consacrer les dernières pages de cet écrit.

Oui, la religion a partagé les malheurs du trône; tout ce qui étoit royal et sacré devoit être l'objet des insultes et de la haine profonde de l'impiété. Tandis que les descendans de nos rois, les illustres rejetons d'une race assise depuis huit siècles sur le trône, fuyoient, loin d'un peuple ingrat, dans des régions étrangères; tandis que les cendres augustes des monarques leurs ancêtres étoient indignement violées, et le silence de leurs tombeaux troublé par les cris d'une foule de barbares avides du sang des rois, la religion outragée dans ses dogmes antiques, dans sa morale pure, dans ses rites vénérables, dans ses autels, ses temples et ses ministres, fuyoit loin du glaive des impies au milieu des antres du désert, sur les montagnes abandonnées, et au sein des retraites profondes que lui formoit la piété des fidèles. Là elle offroit en silence, pour le salut de ses bourreaux et la cessation de ses malheurs, avec le sacrifice du fils de Dieu, le tribut de ses larmes, de ses douleurs, et du sang de ses ministres, mêlé au sang d'un bon roi. Sous le règne de Buonaparte, elle crut un moment reprendre son ancien éclat; mais non, elle n'avoit point encore épuisé le calice de l'opprobre qui devoit rendre sa victoire plus éclatante : elle se vit une seconde fois persécutée dans ses prêtres, ses évêques, et le chef auguste de l'église. Ainsi, la religion a mêlé constamment ses malheurs aux malheurs des fils de Saint-Louis... Le trône et l'autel pleuroient ensemble l'opprobre dont ils étoient couverts, et les crimes de la France. Enfin, Dieu a brisé le sceptre de l'impie: il a renversé son empire fondé sur l'iniquité, et sur les cadavres sanglans des Français. Et en replaçant sur le trône le roi légitime, il y a fait remonter la religion. La main de la providence est visible dans tous ces événemens miraculeux. Ce n'est point aux hommes à s'attribuer les honneurs de la victoire et l'éclat du triomphe, c'est à Dieu, maître absolu du sort des nations et de la destinée des rois. N'est-ce pas lui qui, en déchaînant les vents de l'aquilon contre une armée victorieuse, dont la valeur eût fait la conquête de l'univers, a épuisé les forces du vainqueur, et mis des bornes à sa fureur? n'est-ce pas encore lui, qui a frappé l'impie d'aveuglement dans ses conseils, en fermant ses oreilles accoutumées à la flatterie, aux avis de la sagesse et de la modération, en permettant qu'il rejetât constamment une paix dont les résultats eussent été l'affermissement de son trône, le malheur de l'Europe, et la continuation des outrages faits à la religion ? enfin, n'est-ce pas le Tout-puissant qui l'a profondément humilié dans le lieu même où il avoit détenu prisonnier le père des fidèles ? O combien ces événemens sont dignes des méditations d'un sage, et des pensées d'un chrétien ! Je finis la louange de la religion, en présentant au lecteur impartial, le contraste frappant de l'usurpateur impie, et de son vénérable captif.

Un saint vieillard, respectable à toute l'Europe par sa dignité, ses vertus et ses malheurs, prioit avec larmes, sous le poids des chaînes, pour la délivrance du monde et de l'Église. Eh bien ! c'est dans le lieu de sa prison, que la paix du monde a été conclue ; c'est là qu'il a triomphé de son atroce persécuteur. Oui! il a été humilié cet homme superbe, formé par l'impiété à abuser du sang des nations ; il a été humilié dans le lieu même où, par les emportemens d'un furieux, il avoit outragé indignement la personne sacrée du chef auguste de l'Eglise ! Là il a entendu l'arrêt foudroyant de sa chute, prononcé d'un concert unanime, et par le peuple qu'il rendoit malheureux, et par les nations assemblées. Là il a vu, cet homme terrible dans les camps et enivré de la gloire des combats, les illustres compagnons de ses armes abandonner ses étendards flétris; ses armées, si long-temps victorieuses, se dissiper en un moment, comme un tourbillon de fumée; et enfin ses lauriers baignés dans le sang, tomber dans la poussière de son trône renversé. Depuis cette époque à jamais mémorable dans les fastes de l'histoire, l'opprobre s'est attaché aux vêtemens de cet impie, tandis que la gloire du triomphe a suivi partout les pas de son illustre captif. A peine cette nouvelle s'est-elle répandue : « Le chef de l'Eglise est délivré », que les cités et les campagnes s'ébranlent, accourent sur son passage, et s'inclinent avec respect à ses pieds. On cherche à contempler la face de ce saint vieillard, chargé de vertus et de mérites; et les cris mille fois répétés de Vive le saint Père! vive le chef de l'Eglise! expriment l'enthousiasme universel. Son persécuteur, au contraire, quitte-t-il sa prison de Fontainebleau, pour se retirer au lieu d'exil qui lui est désigné : un sentiment d'effroi saisit tous les cœurs; partout il recueille les malédictions des peuples qu'il a foulés aux pieds; les mères éplorées lui redemandent, avec des larmes de rage, le fruit de leurs entrailles que son glaive sanglant a dévoré; les villes gardent le silence, en respectant son malheur, où retentissent des cris de malédiction, *A bas le tyran! à bas le tyran!* Le vénérable pontife rassemble les princes de sa cour, associés à ses malheurs, et rentre triomphant dans les murs de sa capitale, au milieu des acclamations d'un peuple ivre de joie et d'amour pour son auguste prince : l'étranger qui l'avoit dépouillé de ses états, promené avec barbarie, malgré son grand âge, d'exil en exil, de prison en prison, est ignominieusement chassé d'un royaume qu'il a usurpé, content de vivre, dit-on, et de recevoir un traitement de deux millions, généreusement refusé par son vénérable captif. Pie VII, chargé des mérites d'une longue vie, honoré par les fatigues d'un laborieux pontificat, tout brillant de la gloire de ses chaînes portées courageusement, expirera avec calme sur les tombeaux des saints apôtres; il mêlera ses cendres augustes aux cendres de deux cent cinquante pontifes romains, ses illustres prédécesseurs sur le trône de Pierre. Mais, pour l'impie et l'exterminateur des nations, il n'aura pas même un tombeau, ni dans la France, dont il a souillé le trône pendant dix ans, ni même dans sa terre natale : elle a secoué son joug, elle a rougi de l'avoir enfanté pour le malheur du monde. Enfin le pontife persécuté, du haut de la gloire, contemplera ses dépouilles sacrées exposées à la vénération publique, il verra l'assemblée des Fidèles bénissant dans le tabernacle du Dieu vivant, ses vertus et sa mémoire. Mais, pour l'homme superbe qui faisoit trembler l'univers en foulant à ses pieds et les droits sacrés de l'Eglise, et le sang des nations, il ne laissera au monde, après une vie d'opprobre, que des cendres abhorrées. Son nom passera à la postérité avec ses revers humilians, avec la chute de son trône et le tissu hideux de ses forfaits; ce malheureux, maudit de Dieu et des hommes, n'aura d'autre immortalité parmi les nations, que l'immortalité du crime; il ne laissera d'autre souvenir après lui, que le souvenir des maux dont il a accablé la terre, et des outrages qu'il a faits au ciel.

Voilà comment un homme, dépouillé de ses états, et de toute force humaine, mais environné de l'appui de Dieu et de la vertu de ses chaînes, a triomphé du fléau des nations. Voilà la gloire de la religion associée à la gloire du trône. Hommes égarés par les sophismes de l'incrédulité, gardez-vous de chercher dans les caprices de la fortune et les jeux multipliés du hasard, l'explication de ces événemens qui étonneront tous les siècles à venir. La main de Dieu est trop visible dans tout ceci, pour être méconnue. Environnez de votre amour le trône du bon roi qui vous gouverne, mais tombez aussi avec respect aux pieds de la religion qui triomphe : elle triomphe, non avec orgueil et en insultant à l'humiliation de ses ennemis, mais avec clémence et en pardonnant les injures. Ressouvenez-vous toujours de ces grandes leçons d'une terrible expérience : le double attentat commis contre le trône et l'autel, a été puni par vingt années de souffrances, par le double malheur de l'anarchie et d'un règne signalé par des crimes. Il falloit dans les décrets de la justice divine, que le règne affreux d'un tyran vengeât la mémoire d'un bon roi détrôné par de criminels sujets. Le glaive de l'étranger devoit encore moissonner sur des champs de bataille, une jeunesse accoutumée au blasphème et à la corruption dès les années de l'enfance. Enfin, l'oubli des principes religieux et de la fidélité au roi, a précipité la France dans un déluge de maux et d'opprobres : le retour aux principes religieux, une inviolable fidélité au roi, voilà l'unique remède aux douleurs de la France; voilà le seul véritable moyen de nous rétablir, aux yeux des peuples de l'Europe, dans la gloire de nos ancêtres.

Que ces paroles de paix, *éternelle fidélité au roi et à la religion*, soient donc le cri de ralliement de tous les bons Français, le signal de l'extinction absolue des haines et des divisions intestines, l'immortel mémorial de la restauration du trône et de l'autel, sortis ensemble au milieu de la France, du sein des tombeaux et des ruines, et replacés de la main du Tout-puissant sur leurs bases antiques pour fournir une nouvelle carrière de prospérité et de gloire aux yeux de l'univers.

NOTE SUPPLÉMENTAIRE.

Si on étoit tenté de croire que je n'ai pas saisi le sens de la phrase de M. Grégoire ; que ce publiciste ne repousse pas absolument l'expression d'un maître légitime, mais seulement d'un maître légitime dont l'autorité n'émanerait pas de la volonté nationale ; il suffiroit, pour se détromper, de faire les observations suivantes :

1°. M. Grégoire rejette, d'une manière absolue et avec indignation, le mot de maître appliqué à une nation. *Un maître ! propos d'esclaves ou d'hommes qui méritent de l'être.*

2°. Il s'élève contre ceux qui avoient proclamé le retour d'un maître légitime, non seulement parce que rien n'est légitime, s'il n'est émané de la volonté nationale, mais encore parce que reconnoître un maître légitime de la nation, c'est supposer que les peuples sont des troupeaux créés pour le bon plaisir de leurs chefs, et par là même exposés à devenir la curée du despotisme. Il repousse donc absolument cette idée d'un maître légitime, appliquée à un peuple.

Au reste, il est permis de soupçonner que l'horreur qu'il témoigne pour le maître légitime d'une nation, se confond avec son aversion pour la royauté, et que le passage cité est une diatribe dirigée contre le trône, dans le sens de son ouvrage sur les arbres de la liberté, où royauté et despotisme, rois et tyrans, nations soumises aux rois, et esclaves, sont des mots synonymes. Le nom de maître étant souvent donné aux rois, son aversion pour la royauté l'a fait tomber dans cet excès ridicule de ne vouloir pas qu'une nation ait un maître légitime.

On verra sans doute avec intérêt quelques citations de publicistes célèbres, relatives à la question principale de cet ouvrage. « Si des sujets se sont injustement soulevés « contre leur prince, la liberté dont ils sont en posses- « sion, n'est fondée sur aucun titre légitime, tant que « leur ancien maître a les armes à la main pour tâcher de « les mettre à la raison, ou que du moins il a hautement « protesté de son droit; de sorte qu'ils doivent toujours « être regardés comme des sujets rebelles, jusques à ce « que, par un long silence, le Roi détrôné donne lieu « de présumer qu'il a renoncé à toutes ses prétentions. » *Traité du droit de la nature et des gens*, par Puffendorf. Amsterdam, t. 2, l. 7, c. 7, parag. 5.

Le même auteur s'exprime encore de la sorte, relativement aux usurpateurs : « Il est obligé (l'usurpateur) de « rendre la couronne à celui qu'il en a dépouillé, tant que « celui-ci (le légitime monarque) ou ses héritiers sont en- « core au monde, ou du moins jusqu'à ce qu'ils aient « manifestement renoncé à toutes leurs prétentions. » *T. 2, l. 7, c. 7, parag.* 4.

« Tandis que le vrai héritier et le successeur immédiat « en ligne directe subsiste et réclame son droit, la loi de « proscription ne peut avoir place dans les royaumes hé- « réditaires, non plus que dans les possessions héreditai- res. » *Essai sur le gouvernement civil.* (1) *V.* aussi M. de Réal,

---

(1) Cet Essai sur le Gouvernement civil, a été composé par M. de Ramsay, d'après les instructions et les principes de M. de Fénélon. M. de Ramsay le déclare lui-même dans la préface de cet ouvrage.

Grotius reconnoît que le prince légitime conserve ses droits à

de la Science du Gouvernement, t. IV, section III. Nous pourrions multiplier les citations; mais celles-ci suffisent pour montrer que le désir de remplir le but de notre ouvrage, en défendant les droits de Louis XVIII à la couronne de France, ne nous a point entraîné à des sentimens trop favorables à la royauté, puisque des publicistes très-célèbres, et qui écrivoient de sang-froid dans le cabinet, sur la question relative à celle que nous avons discutée, ont porté plus loin que nous les droits sacrés et inviolables du trône.

---

la souveraineté, jusqu'à ce qu'il y ait renoncé expressément ou tacitement. Voy. t. 1, liv. 2, ch. 4. Basle. Du Droit de la guerre et de la paix.

FIN.

www.ingramcontent.com/pod-product-compliance
Lightning Source LLC
LaVergne TN
LVHW010056230826
846091LV00005B/1956

* 9 7 8 2 0 1 2 4 7 1 4 5 0 *